Multiculturalismo e Educação das Crianças

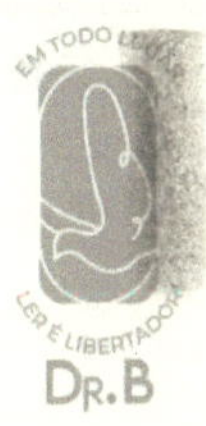

Multiculturalismo e Educação das Crianças

Por uma Pedagogia da Linguagem e da Experiência Crítico-dialógica na Educação Ambiental

DrBLivros
Barra Velha, 2022

Dados Internacionais de Catalogação na Publicação (CIP)

Nogueira, Valdir.

N778 Multiculturalismo e educação das crianças : por uma pedagogia da linguagem e da experiência crítico-dialógica na educação ambiental / Valdir Nogueira. – Barra Velha: DrBLivros, 2022.

60 p. ; 15 cm.

Inclui bibliografia.

ISBN 978-85-471-0711-6

1. Educação ambiental. 2. Multiculturalismo. 3. Educaçãoinfantil. 4. Processos pedagógicos-didáticos. I. Título.

1222-04 CDD 372.357

Ficha catalográfica elaborada por
Débora Soares Vicente de Santana – Bibliotecária CRB-9/1914

Índice para catálogo sistemático:

1.Educação ambiental 372.357

Sumário

O dever matricial da pedagogia intercultural consiste em criar subjetividades individuais e coletivas capazes de reconhecer e respeitar diferenças sem hierarquias nem indiferença.

Boaventura de Sousa Santos
(2021, p. 265).

Multiculturalismo e Educação das Crianças

Multiculturalismo e Educação das Crianças

Para quem acredita nas potencialidades da Vida diversa, diferente, multiperspectivada.

Apresentação

Eu gosto de pensar com as crianças, as infâncias e, nelas, com elas, por elas, esse carrossel multifacetado de modos de ser-estar, pertencer- habitar o mundo. Mundo esse que é construído, não dado como pronto e acabado. Por isso, gosto de ir às crianças para, com elas, sentir o mundo, escutar o mundo, ver as possibilidades de mundo pelos encontros-mundo que entretecemos.

As crianças, nas muitas infâncias e pelas experiências que vivem, nos permitem acessar outros lugares, outras janelas pelas quais nos é possível entender onde estamos e estaremos (intertempos, entrelugares); a mais, nos favorecem compreender quem somos, como somos e o que poderemos ser se juntos construirmos o sentido da presença, da coexistência. Entrar nos micro e macro mundosinfantis pelas lentes das crianças, pelas percepções que constroem de si e dos outros, nos ampliam os potenciais de convivência e aprendizagem.

Necessitamos ampliar nossos escutadores e, com eles, os jeitos de qualificarmos a vida em todas as dimensões –

natural, social, cultural, política, econômica, histórica, espiritual, cognitiva, afetiva –, especialmente no que diz respeito ao sadio encontro com a biosociodiversidade.

O multiculturalismo enquanto modo de aproximação das concretudes da vida, é também, um modo de defesa dela – um caminho que se desenha desde os cantos da casa aos limites da cidade que se quer, educadora.

Esse e-book configura-se como síntese de um modo de pensar que pode ajudar a construir processos político- educativos e pedagógico-didáticos sustentados na compreensão dos potencias da pedagogia da linguagem e, em diálogo com ela, da perspectiva multicultural de educação das crianças. Os pressupostos presentes neste texto apontam a necessária e urgente formação **socioambiental-cidadã** desde a Educação Infantil, a partir da compreensão sobre como vivem as crianças, as suas infâncias.

Outros e Eu: Encontros na Teia da Vida

A pequena criança que vi se agigantar no bumba meu boi, lápelas terras do Maranhão, não tinha mais do que cinco anos. Dançava feliz, na roda formada, ao som dos tambores e na estética composta pela atmosfera altissonante de uma noite folclórica. Trajada tipicamente, o pequeno corpo se movia fortalecido pelos laços da **cultura local**; pelas múltiplas formas de conexões sociais étnico-religiosas que ali se estabeleciam – tocadores, festeiros, observadores, narrativas, mitos, crenças, entre outras.

A criança absorta na dança, trajada com indumentáriaprópria para o momento, se extasiava diante do flash dos celulares quando a roda se abria para deixa-la brilhar,permiti-la sentir o valor da pertença, do enraizamento a um micromundo singular, próprio daquele lugar, naquele tempo de ser criança.

A beleza da cultura local se mostrava plena, como uma tela única. Ali, diante dos meus olhos, absorto no que acontecia;

mergulhado na politicidade daquele corpo cultural, daquela expressão lúdica, aquele Outro, vivendo experiência característica de seu ambiente de vida. Saia de si para encontrar a si mesmo; ia de um ponto a outro da roda, saltitando e apresentando coreografia que não se aprende de um dia para o outro, mas se constrói na vivência, na experimentação de si ao experimentar o que demarcam as narrativas, as memórias, os traços deixados pelo universo adulto e traduzidos na tradição, na materialidade e na imaterialidade da cultura de um povo, na auto-hetero subjetivação da vida.

O Outro – aquela criança, se encontrava com tantos Outros dali daquele lugar e de outros lugares não conhecidos, mas presentes na mesma efervescência do momento. Sonoridades, cores, coreografias, ordenamentos, instruções, conversas, risos, gritos de louvor ao tempo celebrado, tudoisto compunha, naquele recorte de tempo, o tempo de a criança ser 'Outro' em si para ser quem é, quem se faz atravessada pelos **espaços-tempos multidimensionados da cultura**.

Essa lembrança daquela criança me trouxe outras lembranças, de outras crianças em outros tempos e lugares, outras **interações socioambientais**. Impossível esquecer da criança à porta de um pequeno comércio de sorvetes tipicamente produzidos pela comunidade local de um lugarejo brasileiro. Lá estava ela junto a uma pequena mula que, entre uma foto e outra, ganhava alguns trocados. Impossível esquecer aquela face morena, suada e com olhar castanho esverdeado brilhante que se mostrava solícita aos visitantes e desejosa pelo ganho diário que, certamente, lhe ajudaria muito. Criança e mula vivendo as realidades ambientes de sua comunidade, na sua história-vida se desenhando pelos riscos e rabiscos da luta cotidiana num sol escaldante –

corpo- trabalho. Esse Outro humano dependente daquele Outro não humano, coexistindo nas multifacetadas dimensões da realidade de vida.

Esses Outros, humanos e não humanos, me conectaram a outras lembranças, me fizeram puxar pelos fios das memórias, outros pequenos que desde cedo, às margens de um rio e numa comunidade longínqua, vendiam poesia. Com a letra ao pé da língua, soltavam a voz pela ruela em direção ao imenso e belo descampado onde se encontrava um farol. De lá das alturas se podia ver o vai e vem desses dois pequenos, e quem os acompanhava, era certo, os ouvia poetar num **vocabulário regional** as letras de um texto nacional.

Ganhavam seus trocados quando, agraciados eram, pela beleza do que faziam na costura entre rua e poesia, farol e sabedoria – o corpo-rua, o corpo-poesia. Na arte, na literatura, no folclore, nas lidas diárias da vida de toda gente, esses Outros pequenos seguiam se construindo e se edificando gente da gente. Cruzando seus modos de viver com outros modos de viver. Tecelões de lugares e de viveres que trafegam dia após dia nos idos dos seus dias de criança nos territórios da infância.

Nas páginas, a seguir, o texto situa esses contextos multiculturais.

Um modo de pensar a Educação das Crianças

A educação da primeira infância coloca-se como um imperativo vital – o compromisso com a continuidade da vida humana, num Planeta sustentável, isto é, saudável, equilibrado e seguro. Com base em Adorno e Horkheimer (1985[1]), na Dialética

1 Cf. ADORNO; Theodor W.; HORKHEIMER, Max. Dialética doesclarecimento. Rio de Janeiro: Jorge Zahar Editor, 1985.

do esclarecimento e Adorno (1995[2]), no enunciado de 1965 "Que Auschiwitz não se repita", cabe afirmar no contexto societário hodierno, que todo tipo de barbárie socioambiental não se repita, fazendo-se necessário educar bem a primeira infância. E educar bem as crianças no seu modo de ser criança, numa determinada infância – urbanas, campesinas, periféricas, marginalizadas, de comunidades e guetos; infâncias desalojadas

---

2 ADORNO, Theodor W. Educação Após Auschwitz in: Educação eEmancipação. Rio de Janeiro: Paz e Terra, 1995. pp. 119-138.

socioambientalmente, sem teto, andarilhas e de campos de refugiados, infâncias invisíveis[3].

Todas as crianças em suas infâncias merecem,como direito inalienável, viver a vida e ter educação inter e transcultural,

---

[3] Como sustenta Sarmento (2007, p. 29) "[...] a criação de sucessivas representações das crianças ao longo da história produziu um efeito de invisibilização da realidade social da infância"; inclusive nos dias atuais, as representações produzidas sobre a criança consumidora, pelo marketing cultural do mercado, invisibilizou e naturalizou a infância nos interesses do mercado, voltado a crianças consumidoras. Sarmento aponta algumas "(in)visibilidades", entre elas, a histórica, a cívica e a científica. Esse entendimento torna-se fundante dos modos de ver e enxergar a criança em seu tempo de ser criança, nas mais variadas infâncias, desde que tornadas visíveis, entre elas, as crianças na visibilidade socioambiental – em termos do direito ao ambiente saudável e do direito à natureza, invisibilizados pelo consumismo, no tempo volátil da infância – o que tenho criticado como usos das artificialidades na ludicidade e nas interações infantis em processos de ensino e de aprendizagem.

transgeracional, antimuralhas; educação que considere o direito ao pensar livre, poético, mágico, mítico, lúdico; o direito a ter direito de ser e viver com dignidade o seu modo de ser, estar, habitar o mundo no tempo da infância.

O caminho, a via, não é colocar a responsabilidade de cura e transformação em escala planetária sobre as gerações futuras, com tudo que há para reeditar no mundo da vida e da **convivência biosociodiversa**, no presente; ao contrário, entendo que, a partir de uma Pedagogia da Convivência, uma Pedagogia da Benção, ou uma Pedagogia da

Esperança[4] e da Tolerância[5], possamos, no trabalho político- pedagógico hodierno, sustentar o direito a ter direito de ser e viver a infância no tempo de ser criança, esperançosa e

---

4 Bataloso e Moraes (2020, p. 592), ao tratarem do paradigma da complexidade, sustentam o valor conectivo e transmutante no campo educativo-pedagógico de outras pedagogias, por isso, destacam "[...] la emergencia de un nuevo paradigma educativo que es inseparable de la construcción y el desarrollo de una Pedagogía de la esperanza (FREIRE, p.; 1993), de una Pedagogía de la ternura (CUSSIANOVICH, 2007), de una Pedagogía de la alegría y la felicidad (MORAES, 2008) y de una Pedagogía de la bendición (WEIL; LELOUP; CREMA, 2003)". Cf. BATALOSO, Juan Miguel; MORAES, Maria Cândida. Contextualización educativa: diálogo, epistemologia y complejidad. Debates em Educação. Universidade Federal de Alagoas. Vol. 12, N°. 28, Set./Dez. 2020.

5 Cf. FREIRE, Paulo. Pedagogia da Tolerância. São Paulo: Paz e Terra, 2014.

amorosamente – 'respeito ao outro como legítimo outro'[6].

Outros mundos, outras realidades, outras formas de pertencimento podem ser construídas, outros construtos culturais podem ser criados desde que nos permitamos caminhar na direção de uma **Pedagogia Comunicativa**, da Linguagem, uma Pedagogia Integrativa e referenciada na comunhão, no compartilhamento, na troca, no justo e necessário encontro com a interioridade de cada ser que compõe os tecidos da rede

---

[6] Cf. MATURANA; Humberto; VARELA, Francisco. A árvore do conhecimento. Campinas: Psy II, 1995.

planetária, do sistema vivo global, da tessitura na qual estamos e somos, todos, interdependentes – Gaia, Pachamama, a Mãe Terra. O imperativo da educação da primeira infância passa, urgentemente, pela compreensão dos modos de comunicação e interação entretecidos no tecido da vida diversa, diferente e singular.

Por isso, concordo com McLarem (2000, p. 32), quando afirma:

> O uso da linguagem é partidário e político porque cada vez a que usamos, incorporamos a maneira pela qual os processos culturais foram "escritos" em nós e como nós, de nossa parte, escrevemos e produzimos nossos próprios

> scripts para nomear e negociar a realidade. **Produzimos a linguagem e somos produzidos por ela** [grifos meus]. A linguagem que usamos para ler o mundo, determina, na maior parte, a forma como pensamos no mundo e sobre ele.

Uma **Pedagogia da Linguagem**, com potencialidade de construir outras racionalidades comunicativas, outras vias possíveis na educação das crianças em suas infâncias, coloca-se como capaz de:

a) Produzir entendimentos particulares do mundo (constrói significados particulares, correlaciona interioridade e exterioridade);

b) Legitimar leituras diferentes do mundo –

singulariza a pertença aos lugares, aos ambientes de vida própria e comum;

c) Produzir engajamento narrativo com o mundo (realidades projetadas, assumidas simbioticamente);

d) Ajudar a construir subjetividades (identidades – diversidade na unidade e unidade na diversidade);

e) Sustentar que a experiência (de cada um e de todos os seres humanos e não humanos) é constitutiva da linguagem.

Tal modo de conceber a educação das crianças em suas infâncias, caracteriza-se, ainda, pela **expressividade das múltiplas linguagens**, entre elas: corporal, lúdica, artística, musical, digital, científica, tecnológica, plástica, visual, verbal etc. O corpo (cognição, emoção, psique e fisiologia) é um corpo político, é um agente de transformação e se metamorfoseia nas e pelas interações socioculturais, pelas dinâmicas de ação-reflexão- transmutação; por isso, nele e com ele, tudo pode transformar-se, tudo pode ressignificar-se.

A criança cria, potencialmente, universos lúdicos e prosaicos, poéticos e estéticos, políticos e sinérgicos pelos seus modos de ação-intervenção, pelas suas dinâmicas de participaçãocomunicação. As interações (inter-ações) se dão e se configuram em processos de aprendizagens singulares, dados os mundos particulares, as percepções únicas, as sensações, as amplitudes de seus sentidos e movimentos – tocar, cheirar, degustar, imitar, arrastar, caminhar, deitar, correr, segurar, apalpar, morder, dormir, sentar etc. Todo esse conjunto lúdico-interativo-comunicativo potencializa-se no que podemos entender como **coexistência de culturas** – modos de viver, de pertencer, como representado na figura 1, a seguir.

Figura 1: Coexistência de Culturas

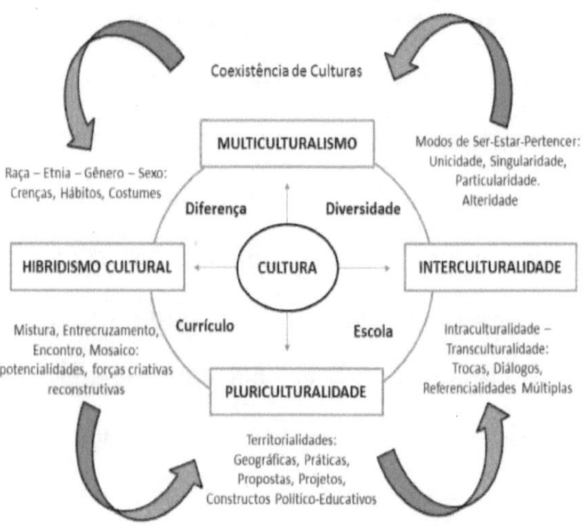

Fonte: Valdir Nogueira (2020), com base em Mclaren (2000).

Tais **processos socioculturais** colocam em evidência o valor e o sentido que assumem as práticas que potencializam o encontro, o **entrecruzamento cultural** em escolas (unidades de educação infantil, centros de educação da infância), possibilitando à criança encontrar-se nas culturas e, nesse contexto, a multiculturalidade que referencia multidimensionalmente a pertença e a presença. Esses processos ocorrem pelas **dinâmicas socioambientais** próprias do lugar onde as crianças vivem e no qual experienciam a aprendizagem. A mais, pelo lugar que ocupam os **mediadores culturais** na interação político-pedagógica com as crianças, nas experiências de aprendizagem e de desenvolvimento de si e dos outros.

Nesse rumo, destacam-se: os brinquedos, a dança, os livros, a arte, as pinturas, os filmes, os desenhos animados, as gravuras, os jogos, as feiras, as dramatizações, a alimentação, as vestimentas, a cibercultura, a cultura científica etc. Tais elementos mediadores culturais põe a criança em relação com o mundo, com os outros, com espaços-lugares ou ambientes, ampliando suas possibilidades de convivência, de interações socioculturais e socioafetivas, ou seja, a comunicação, o linguajar em ação na corporeidadeaprendente.

No sentido explicitado, o modo de ser criança, viver a infância e infâncias na relação com o universo da cultura, sobressaem entrepontos pedagógicos em três polos distintos e complementares: o polo epistemo-ontológico, o polo metodológico-antropológico e o polo experiencial-vivencial de sentidos e significados. Não se pode conceber as relações crianças- infâncias com o mundo da cultura, da diversidade e da singularidade da vida e dos seres, sem que se compreenda o sentido do **conhecimento de mundo** pela criança[7], ao longo da história de relações espaço-temporais do seu viver e desenvolvimento nas múltiplas e variadas

7 Leitura de mundo antes dacodificação – leitura pelassensações, experiências corporais, pelos sentidos, pela percepção, pelos movimentos nos ambientes de vida e de aprendizagem. Cf. Freire, Paulo. A importância do ato de ler. 51ed. São Paulo: Cortez, 2011.

realidades, em termos de biodiversidade, sóciodiversidade, costumes, crenças, valores, interações e intra-ações socioemocionais etc. Tal perspectiva biopsicossocial e político-pedagógica afirma-se ese reafirma nos modos de construção e produção de sentidos e significados – pessoais e sociais, entre indivíduo e coletividade.

Assim, essa correlação de forças no ato pedagógico – o mundo da cultura em conexão com o mundo das infâncias no tempo de ser criança – torna possível a aprendizagem sobre **os diferentes**[8] e **as diferenças socioculturais e**

[8] Para ampliar o diálogo e a compreensão sobre diversidade, diferentes e diferenças, no campo educativo, Cf. SACRISTÁN, J. Gimeno.Educar e conviver na cultura global: as exigências da cidadania.

socioambientais, ampliando o olhar sobre a multicultura a partir da Pedagogia da Linguagem, sob o foco de uma **Educação Multicultural Cidadã**, em que se explicitam espaços de interação e aprendizagem no desenvolvimento infantil – característicos a cada faixa etária – numa dada espacialidade,como segue na figura 2:

Porto Alegre: Artmed, 2002; FLEURI, Reinaldo Matias (Org.). Educação Intercultural: mediações necessárias. Rio de Janeiro: DP&A, 2003; TREVISAN, Amarildo Luiz; TOMAZETTI, Elisete Medianeira; ROSSATTO, Noeli Dutra (Orgs.). Diferença, Cultura e Educação. Porto Alegre: Sulina, 2010; CANDAU,Vera Maria (Org.). Diferenças Culturais e Educação. Rio de Janeiro: 7Letras, 2011; ARROYO, Miguel G. Outros Sujeitos, Outras Pedagogias. Petrópolis, RJ: Vozes, 2012. No campo sociológico, Cf. LAHIRE, Bernard. O homem Plural: as molas da ação. Lisboa: Instituo Piaget, 2001;TOURAINE, Alain. Pensar Outramente: o discurso interpretativo dominante. Petrópolis: Vozes, 2009;

Figura 2: Educação Multicultural Cidadã

Fonte: Nogueira (2020)

TOURAINE, Alain. Igualdade e diversidade: o sujeito democrático. Bauru: EDUSC, 1998.

A figura 2 enfoca a Educação Multicultural cidadã, fundamental à Educação da Criança, nas diferentes infâncias e em conexão com a **Educação Ambiental**[9]; tal Educação desenvolve-se com base na Pedagogia da Linguagem, como já explicitado anteriormente,com ênfase nos mediadores culturais e, a partirdeles, nas **interrelações socioambientai**s – **dinâmicas da casa** que se comunicam com as**dinâmicas da rua**, que por sua vez se comunicam com as **dinâmicas da comunidade** e, estas, com as

---

9 A respeito das relações Educação Ambiental e Multiculturalismo, Cf. MORALES, Angélica Góis; SOUZA-LIMA, José Edmilson; KNECHTEL, Maria do Rosário; CARNEIRO, Sônia Maria Marchiorato; NOGUEIRA, Valdir (Orgs.). Educação Ambiental e Multiculturalismo. Ponta Grossa: UEPG, 2012.

dinâmicas da cidade e, em sentido espiralado, destas em relação a outras escalas, outras espacialidades.

É fundante nesse modo de se conceber a **aprendizagem multicultural** conexa à Educação Ambiental, na Educação Infantil, pelo viés da coexistência de forças simbólicas, dos traços identitários de lugares e pessoas, das heranças sócio-históricas e de pertença agrupos, pela crença, pela etnicidade, pelos valores, pela solidariedade, empatia etc. Com isso, o conjunto de elementos estabelecidos na figura 1 ampliam-se ao que está pontuado na figura 2, na direção de movimentos político- educativos que sintetizam cultura e contextos nos modos de ser criança, estar e viver como criança num dado tempo e numa dada característica da infância. É dessas relações queresulta a importância do brinquedo e do brincare das interações, como mediadores culturais imprescindíveis ao modo de cada criança perceber, compreender e sentir o mundo da vida, a partir do mundo da aprendizagem. Depreende-se desse movimento as forças correlatas do dialógico (Morin) e do diálogo (Freire) explicitados na figura 3.

Figura 3: Dialógico e Diálogo

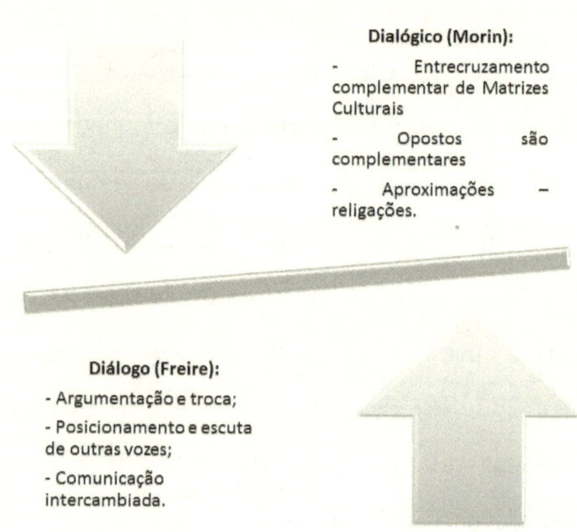

Fonte: Valdir Nogueira (2020).

O exercício constante de apreensão e compreensão das dinâmicas socioculturais e socioambientais e, nelas, dos movimentos de transformação e produção de sentidos e significados, sustenta políticas pedagógicas que encontram nas diferentes linguagens e nos múltiplos mediadores culturais, os potenciais didáticos à educação da primeira infância – urgente e emergente na contemporaneidade. Com isso, saliento o valor da construção de Diretrizes de Educação Ambiental, com reflexos na formação da criança no seu tempo de viver a infância, considerando-se:

O enquadramento sociológico – compreensão de infância e criança, situadas histórico-culturalmente;

1. A Geograficidade do Currículo – espaços de ser e pertencer, ampliados pela cidade que educa;

2. O eixo político-filosófico e as relações socioculturais e histórico-geográficas, demarcadas no construto diretivo;

3. A cidade concebida como um campo de investigação-ação pela criança – estar e pertencer como ato político-criativo;

4. O contexto familiar – primeira escola no mundo da vida, nas relações de mediação pelo brincar e interação socioculturais e socioambientais;

5. As escalas de pertença – construtos infantis que atravessam e vão além do território de proximidade, em diferentes escalas de análise;

6. As territorialidades – como arranjos ontopolíticos e microterritoriais das infâncias – lugares do mágico, do sensível, do criativo, do diferente e das diferenças, da coexistência entre Eu-Outro-Outros e o Nós.

Tal modo de se compreender as relações entre **Educação Infantil, Multiculturalismo** e **Educação Ambiental**, podem, em hipótese, sustentar a construção de outros modos de viver as infâncias e aprender no tempo de ser criança – na completude dos direitos a ter direito de ser e ao ser, de pertencer à natureza, aos ambientes e, portanto, a uma vida digna e plena, na vivência e experiência de uma aprendizagem da "felicidadania[10]" em perspectiva da formação humana integral[11].

---

10 Cf. RIOS, Terezinha Azerêdo. Compreender e ensinar: por uma docência da melhor qualidade. 3 ed. São Paulo: Cortez, 2002.

11 Cf. ROHDEN, Huberto. Educação do homem integral. São Paulo: Martin Claret, 2009.

Apontamentos Finais

A partir do ponto de vista construído neste e-book aponto alguns compromissos político-didáticos que considero relevantes aos fazeres educativos pelas escolas, gestores e docentes, quais sejam:

a) Assumir postura pedagógico-didática que amplie os potenciais de desenvolvimento eaprendizagem das crianças pelas relações estabelecidas entre Educação Infantil, Educação Ambiental e Multiculturalismo;

b) Desenvolver planos de experiências de aprendizagem que partam das conexões escalares que vão do mundo imediato – o mais próximo, aos outros mundos, os da rua, do bairro, da comunidade, da cidade etc.;

c) Estabelecer objetivos político-educativos que especifiquem as aprendizagens focais sob o ponto de vista da formação socioambiental- cidadã das crianças;

d) Organizar, nos planejamentos de experiências educativas, proposições que associem ludicidade com ciência, tecnologia e ambientes do entorno –

territorialidades próximas às crianças, com vistas a potencializarpor elas e com elas, o desenvolvimento das percepções da cultura-mundo;

e) Ampliar as possibilidades de diálogo entre mundos – os mundos de dentro (instituições), os mundos internos (sujeitos e subjetividades) com os mundos de fora (espacialidades externas), visando percepções conectivas, pelas crianças, das realidades biosociodiversas presentes na comunidade de vida;

f) Organizar propostas educativas multiculturais nos variados ambientes da cidade, constituindo-se comunidades aprendentes em orientações intersetoriais, interpessoais e intergeracionais – valorização dos grupos familiares como coautores dos processos de aprendizagem;

g) Elaborar diretrizes político-educativas que sustentem perspectivas de Educação Ambiental e Multicultural na perspectiva da sustentabilidade socioambiental, o que fundamenta práticas, projetos e programas voltados à educação das crianças;

h) Assumir, política e pedagogicamente, a

Pedagogia da Linguagem como contexto e território onde as crianças possam ser elas mesmas e, por serem o que são, construírem seus sonhos de mundo;

i) Tais encaminhamentos ganham força e sentido quando associados à formação docente, de gestores e especialistas que estão corresponsáveis com o desenvolvimento das crianças em sentido integral pelas variadas dimensões que constituem esse processo.

Um ninho de formiga, uma casca de árvore, um tambor africano, uma roda de capoeira, uma ciranda de poesias, um conto indiano, uma roda de boi-bumbá, louças antigas, carros em antiquários, museus, bibliotecas, parques, praças e tudo que é resultante do mundo da cultura se apresenta às crianças no seu cotidiano. Elementos socioespaciais que configuram a paisagem que não só os olhos, mas os sentidos infantis alcançam. Por isso, acredito, olhar pela fresta da janela, por cima do muro, do outro lado da rua, exige de todos que se desafiam a educar crianças, deixar-se afetar em profundidade pela multiculturalidade-mundo, pelo mundo-linguagem. Deixo, por inspiração, as palavras-mundo de Loris Malaguzzi[12]:

---

12 Cf. EDWARDS, Carolyn; GANDINI, Lella; FORMAN,

De jeito nenhum. As cem estão lá

A criança é feita de cem.
A criança tem cem linguagens
e cem mãos
cem pensamentos
cem maneiras de pensar de brincar e de falar.
Cem e sempre cem modos de escutar
de se maravilhar, de amar
cem alegrias
para cantar e compreender
cem mundos
para descobrir
cem mundos para inventar
cem mundos para sonhar.
A criança tem cem linguagens
(mais cem, cem e
cem)

George (Organizadores). As cem linguagens da criança: a experiência de Reggio Emilia em transformação. V. 2. Porto Alegre: Penso, 2016.

mas roubaram-lhe
novena e nove.
A escola e cultura
lhe separam a
cabeça do corpo.
Dizem à criança:
de pensar sem as
mãos de fazer sem a
cabeça de escutar e
não falar
de compreender
sem alegria de amar
e maravilhar-se só
na Páscoa e no
Natal.
Dizem à criança:
de descobrir o
mundo que já existe
e de cem
roubam-lhe
noventa e nove.

Dizem à criança:
que o jogo e o
trabalho, a realidade
e a fantasia, a
ciência e a
imaginação,
o céu e a terra,
a razão e o sonho
são coisas
que estão não estão
juntas.
E assim dizem à
criança que as cem
não existem.
A criança diz:
De jeito nenhum. As
cem existem.

Loris Malaguzzi (Traduzido por Lella Gandini).

Bibliografia

ADORNO, Theodor W. Educação Após Auschwitz in: Educação e Emancipação. Rio de Janeiro: Paz e Terra, 1995. pp. 119-138.

ADORNO; Theodor W.; HORKHEIMER, Max. Dialética do esclarecimento. Rio de Janeiro: Jorge Zahar Editor, 1985.

BATALOSO, Juan Miguel; MORAES, Maria Cândida. Contextualización educativa: diálogo, epistemologia y complejidad. Debates em Educação. Universidade Federal de Alagoas. Vol. 12, Nº. 28, Set./Dez. 2020.

CANDAU, Vera Maria (Org.). Diferenças Culturais e Educação. Rio de Janeiro: 7Letras, 2011. ARROYO, Miguel G. Outros

Sujeitos, Outras Pedagogias. Petrópolis, RJ: Vozes, 2012.

EDWARDS, Carolyn; GANDINI, Lella; FORMAN, George (Organizadores). As cem linguagens da criança: a experiência de Reggio Emilia em transformação. V. 2. Porto Alegre: Penso, 2016.

FREIRE, Paulo. A importância do ato de ler. 51 ed. São Paulo: Cortez, 2011. FREIRE, Paulo. Pedagogia da Tolerância. São Paulo: Paz e Terra, 2014.

LAHIRE, Bernard. O homem Plural: as molas da ação. Lisboa: InstituoPiaget, 2001.

MATURANA; Humberto; VARELA, Francisco. A árvore do conhecimento. Campinas: Psy II, 1995.

MCLAREN, P. Multiculturalismo revolucionário. Porto Alegre: Artes Médicas, 2000.

MORALES, Angélica Góis; SOUZA-LIMA, José Edmilson; KNECHTEL, Maria do Rosário; CARNEIRO, Sônia Maria Marchiorato; NOGUEIRA, Valdir (Orgs.). Educação Ambiental e Multiculturalismo. Ponta Grossa: UEPG, 2012.

RIOS, Terezinha Azerêdo. Compreender e ensinar: por uma docência da melhor qualidade. 3 ed. São Paulo: Cortez, 2002.

ROHDEN, Huberto. Educação do homem integral. São Paulo: Martin Claret, 2009.

SACRISTÁN, J. Gimeno. Educar e conviver na cultura global: as exigências da cidadania. Porto Alegre: Artmed, 2002; FLEURI, Reinaldo Matias (Org.). Educação Intercultural:

mediações necessárias. Rio de Janeiro: DP&A, 2003.

SANTOS, Boaventura de Sousa. O futuro começa agora: da pandemia à utopia. São Paulo: Boitempo, 2021.

SARMENTO, Manoel Jacinto; VASCONCELLOS, Vera Maria Ramos de. (Orgs.). Infância (In)visível. Araraquara, SP: Junqueira e Marin Editores, 2007.

TOURAINE, Alain. Igualdade e diversidade: o sujeito democrático. Bauru: EDUSC, 1998.

TOURAINE, Alain. Pensar Outramente: o discurso interpretativo dominante. Petrópolis: Vozes, 2009.

TREVISAN, Amarildo Luiz; TOMAZETTI, Elisete Medianeira; ROSSATTO, Noeli Dutra (Orgs.). Diferença, Cultura e Educação. Porto Alegre: Sulina, 2010.

www.ingramcontent.com/pod-product-compliance
Lightning Source LLC
LaVergne TN
LVHW090138160826
845673LV00017B/2507